Este libro le pertenece a:

_____

_____

Título original: *Shh... Don't Tell*
Michelle Knight

©2023 Michelle Knight por la presente edición
Todos los derechos reservados

Queda rigurosamente prohibida la reproducción total o parcial de este libro, así como su uso, almacenamiento y transmisión por cualquier medio o procedimiento, sea este electrónico o mecánico, fotocopiado, grabación, o cualquier otro, sin el permiso expreso y por escrito del titular de los derechos de autor, salvo lo dispuesto por la ley.

Ilustrado por: Benedicta Buatsie

1.ª edición en lengua española: 2023

Publicado por Sharp Editorial, LLC

Impreso en los Estados Unidos de América

ISBN:
Tapa blanda: 978-1-956911-24-4
Tapa dura: 978-1-956911-23-7

Dedicatoria

En la vida, encontramos gente buena y mala. Cuando eres joven, es divertido guardar secretos con los amigos a menos que sea un secreto que pueda herir los sentimientos de alguien o causar daño físico.

Este libro está dedicado a todas las niñas y niños; a las jovencitas y jovencitos; a quienes se les ha hecho daño y les dijeron que lo mantuvieran en secreto; a los que tocaron de manera inapropiada sin consentimiento y temen hablar.

¡Llegó la hora!

Busca a alguien en quien confíes y revela tu secreto. Nunca será correcto que te toquen de manera inapropiada.

Si te dijeron que te lastimarían a ti o a tu familia por hablar, igual dilo.

Si te dijeron que nadie te creería, cuéntalo de todas maneras.

¡Eres una y un superviviente!
No estás sola. No estás solo.

Shh... No digas nada

—¡Buenos días, mi corazón de melón! Tu medio hermano estará aquí hoy para cuando llegues de la escuela —dijo la mamá de Riley, la Sra. Cole—. Se encontrará contigo en la parada del autobús.

—¡Bravo! Josh viene —vitoreó Riley.

—Me alegraré cuando tu papá esté de vuelta de su viaje de negocios y tu hermana regrese a casa para las vacaciones de primavera —acotó la Sra. Cole—. ¡Entonces volveremos a tener la casa llena! No creo llegar muy tarde del trabajo. Hay sobras en la nevera para que tú y Josh cenen. Ahora, arréglate para la escuela. Asegúrate de que tu cinta del pelo combine con tu ropa —instruyéndola—, y cepíllate los dientes, por favor. ¡Y date prisa! Tu autobús llegará pronto.

—Sí, mamá —dirigiéndose a su habitación para terminar de prepararse.

***

Por la tarde, Josh esperó a Riley en la parada del autobús, tal como había dicho la señora Cole. Tan pronto como el autobús frenó y Riley vio a Josh, sus ojos se iluminaron de emoción. Una vez detenido, Riley corrió directo hacia él y lo abrazó fuertemente.

—¡Te extrañé mucho, Josh! —exclamó Riley.

—Y yo a ti, Riley —sonrió él.

—Estoy muerta de hambre.

—Tu mamá dijo que hay comida en la nevera. La pondré en el horno al llegar a casa.

Mientras ambos seguían caminando juntos, Josh miró a su hermana, sonrió y le dijo emocionado:

—Guau, Riley, cuánto has crecido. Te estás convirtiendo en una hermosa jovencita. Estaba esperando ver a una niña con frenillos bajarse del autobús.

Riendo, Riley le respondió: «¡Gracias, Josh!».

Ambos conversaron acerca del día de Riley y otros temas como lo último en música. Finalmente, llegaron a casa y Josh comenzó a preparar las sobras que estaban en la nevera.

En cuanto estuvieron sentados a la mesa, ambos empezaron a charlar de nuevo y Josh le preguntó: «Entonces, ¿cómo va la escuela? Quinto grado, ¿verdad?».

—Va aburrida —dijo suspirando—. No veo la hora de estar en la secundaria. Mamá dice que podré usar brillo labial y quizás escoger mi ropa —alardeó.

—Aguarda. ¿No eliges tu propia ropa? —preguntó él.

—Así es —respondió frustrada—. Es tan injusto. Todos mis amigos eligen su ropa. Mamá y papá me tratan como si fuese un bebé.

—Bueno, yo no te trataré como uno.

De pronto, el reloj de la cocina sonó. El pasticho estaba listo en el horno. Josh y Riley no veían la hora de comer.

Con cuidado Josh sacó la bandeja del horno y le sirvió un trozo a Riley, y luego se sirvió un copioso plato.

—Este pasticho es una bomba —dijo Josh entusiasma.

—El pasticho es mi favorito —apuntó ella—. Mamá siempre lo prepara con mucho queso para mí.

La cocina se mantuvo en silencio mientras tragaban los últimos pedazos de pasticho que quedaban.

—Yo limpio —se ofreció Riley.

—¡También ayudaré! Después de todo, yo ayudé a hacer el desastre. —Ambos rieron, mirando el desorden de platos y cacharros.

En un santiamén, la cocina estaba limpia. Los platos estaban guardados y no había ni una miga a la vista.

—Ahora a la parte aburrida de mi vida. Es hora de la tarea —se quejó Riley.

—Avísame si necesitas algo. Todavía es temprano —dijo Josh, para luego agregar—: Además, no hemos pasado tiempo juntos desde hace mucho. ¿Tu tarea no puede esperar?

Debatiéndose en silencio viendo que le faltaba poco por completar, Riley respondió: «Está bien. ¡Pero debo terminarla antes de que mamá llegue a casa, o me va a colgar!».

—¡Tranquila! Me aseguraré de que la termines antes de que regrese.

—Entonces, ¿qué te gustaría hacer? —le preguntó Riley, sugiriendo inmediatamente—: Podemos jugar PlayStation o un juego de mesa.

—No, esos son juegos de niños —le respondió Josh.

—No, no lo son —argumentó Riley—. Además, aún soy una niña. —Y en tono molesto, chilló—: ¿Qué quiere hacer el señor adulto?

—Bueno, pensaba en algo un poco más divertido... pero olvídalo. Podemos jugar juegos de niños —replicó Josh, despertando la curiosidad de Riley.

—Dilo de una vez, Josh —suplicó ella—. ¿Qué tienes en mente que sea más divertido?

—El juego se llama *Montar al toro*, y es mejor que el PlayStation —reveló finalmente.

—¿Mejor que jugar con el PlayStation? —preguntó Riley entusiasmada.

—Diez veces mejor —respondió él, asintiendo con la cabeza—. Todos los adolescentes lo juegan.

—Suena estúpido, pero jugaré —dijo ella, un poco desconfiada—. Entonces, ¿cómo se juega?

—Primero, las reglas. Debes escuchar con mucha atención porque es un juego secreto para adolescentes. Dijiste que quieres ser tratada como adulto, ¿no es así?

—¡Sí, obvio! —exclamó ella—. Odio que me traten como a una niña.

—Serás la primera niña de 11 años qu...

—¡Párate ahí! Tengo casi 12 años. Soy prácticamente una mujer —protestó Riley.

—Okey, okey. Una niña de casi 12 años que jugará este juego —finalizó él.

—Primero, debes prometer que no le dirás a nadie, o la cadena se romperá. Si le cuentas a alguien que jugaste este juego secreto, uno de los miembros de tu familia morirá. Una vez rota la cadena, todos sabrán quién la rompió —la instruyó Josh en tono serio.

—Ni hablar —dijo Riley asustada—. ¡Te voy a acusar!

—¿Sabes qué? Mejor nos apegamos a cosas infantiles y jugamos PlayStation —remató Josh, frustrado.

—No, no. ¡Quiero jugar! Prometo oír las reglas.

—Bueno, levanta la mano derecha y repite conmigo: Yo, Riley Cole.

—Yo, Riley Cole.

—Prometo mantener en secreto el juego *Montar al toro* y llevármelo a la tumba. Si lo cuento, podría perder a un miembro de la familia por romper la cadena —prosiguió él.

Riley repitió el pacto, sintiéndose una mujer adulta.

—¡Eso es todo! —exclamó él—. Ahora, cerremos el trato enlazando nuestros meñiques.

Josh y Riley se prometieron con el meñique, y ella apenas pudo contenerse.

—¿Ahora qué? —urgió Riley emocionada.

—Primero, debes esconderte en algún lugar de la casa. Si te encuentro, tendrás que montar al toro. ¿Alguna vez has visto esos toros que sacuden a la gente de un lado a otro? Bueno, mi regazo es el toro, así que corre y escóndete.

—Voy a asegurarme de esconderme bien para que no me encuentres —dijo Riley llena de confianza.

Mientras se escondía, no pudo evitar reírse. Josh solo tuvo que seguir las risas para encontrar a su hermana

—Te encontré —gritó él.

—¡Demonios! —se rió Riley.

—Bueno, te encontré, así que vamos a montar al toro.

Josh dispuso una silla en la sala, y de seguidas le indicó que se sentase con las piernas abiertas sobre él y entrelazase sus pies alrededor de la silla para que no caerse.

A lo que Riley se colocó en posición, Josh gritó: «¡Que comience la monta!».

Josh comenzó a columpiar y a hacer rebotar a Riley en todas direcciones: arriba y abajo, y para todos lados. Riley se reía, pasándoselo bomba. Josh se aseguró de sostener su cintura gentilmente para que no se cayera.

Finalmente, después de uno o dos minutos, la monta terminó

—Otra vez, otra vez —coreaba Riley.

—Esta vez no fui rudo contigo —se rió Josh.

—¡No soy una bebé! Prometí que podría manejarlo.

—Verás, es que la silla me lastimó la espalda —dijo él.

—Podemos sentarnos en mi cama y así puedes hacerme rebotar más alto —sugirió Riley.

—Está bien —accedió Josh—. Escóndete bien, Riley. Si te encuentro, tienes que montar al toro.

Riley caminó por la casa de puntillas buscando el lugar perfecto. Aunque quería volver a montar al toro, también quería encontrar el mejor escondite.

—No me encontrará aquí —susurró Riley para sí.

Al cabo de unos segundos, Josh se escabulló detrás de su hermana y gritó: «¡Te tengo!».

A Riley casi se le salió el corazón por la boca. Todo lo que pudo hacer fue gritar de terror y comenzó a golpearlo por haberla asustado tan salvajemente.

—Fue un buen escondite, pero te encontré —dijo Josh, tratando de tranquilizar a su hermana, para luego agregar con un grito—: Así que... ¿qué hora es?

—¡Es hora de montar al toro! —gritaron a coro.

—Ahora, lo haremos un poco diferente —le explicó él, indicándole a continuación—: Esta vez, dado que traes puesta la falda del uniforme, solo quítate las pantaletas.

—¿Por qué? —preguntó Riley—. No hice eso antes.

—Fui gentil —respondió Josh bruscamente—. Tu ropa interior me rasguñó la pierna, así que es mejor si te las quitas. Además, dijiste que querías volver a jugar y no podemos romper la cadena. No miraré, lo juro.

—Okey, me las quité —dijo, siguiendo las instrucciones de su hermano y colocando la ropa interior en el suelo.

—Ya que estamos en la cama, cruzaré mis piernas alrededor de las tuyas. Ahora ven y siéntate a horcajadas sobre mí —le ordenó.

Al instante, Riley empezó a sentirse incómoda.—¡Espera, Josh! ¿Qué es eso? —gritó Riley confundida.

—Cálmate. La monta está por comenzar —le especificó mientras empezaba a perforar la inocencia de Riley.

Riley no tenía idea de lo que sucedía, pero sintió un dolor que jamás había sentido.

—¡Me estás lastimando, Josh! ¡Detente! No quiero seguir montando. ¡Por favor, detente! No me gusta esto. ¡Detente!

Amarrando las piernas de Riley con la suyas y abrazando su cuerpo con sus brazos, Josh comenzó a hacerla rebotar de arriba a abajo, en tanto Riley gritaba de dolor, hasta que terminó dentro de ella, liberándola finalmente.

Josh había arrebatado la libertad y la pureza de Riley en un abrir y cerrar de ojos.

Riley cayó al suelo haciéndose un ovillo por el dolor y las lágrimas rodaban por sus mejillas al pensar que había prometido no decirle a nadie. Gritó que no, pero su no cayó en saco roto.

«¿Fue mi culpa? Si tan solo hubiese hecho mi tarea...», se lamentaba Riley para sus adentros.

Josh se levantó, se cerró los pantalones y riéndose dijo:

—¿Por qué lloras? Querías ser tratada como una niña grande, pues ya lo eres. Ah, y no olvides nuestra promesa.

Riley lloró aún más al ver que estaba sangrando.

En lo que Josh salió, se levantó y cerró la puerta. Supo que tenía que limpiarse antes de que su mamá llegase a casa, pero le dolía estar parada. Su feminidad le fue arrebatada, y Riley se sintió terrible.

Lentamente, se levantó del suelo y se encaminó hasta el baño para ducharse. En lo que el agua entibió, entró a la ducha. Restregándose, trató de eliminarse toda la piel mientras lloraba y se sentía culpable por lo que había sucedido. Lo peor es que había prometido no decir una palabra, o rompería la cadena. Riley no soportaba pensar poder perder a alguien de su familia, por lo que decidió mantener ese horrible juego en secreto.

Hacia las 8:00 de la noche, su madre llegó del trabajo y al entrar a la cocina, Riley le dio el mayor de los abrazos: como si no la hubiera visto en mucho tiempo.

—Ustedes dos deben habérselo pasado increíble —dijo la Sra. Col.

—La cena estuvo deliciosa —afirmó Josh.

—¡Muchas gacias! Te agradezco que hayas cuidado de Riley mientras no estuve en casa —dijo ella, añadiendo inmediatamente—: Riley, ven a darle las buenas noches a tu hermano. Está por irse.

«Adiós», bramó Riley, sin una pizca de emoción, desde la otra habitación. No quería estar cerca de su hermano.

—Riley Marie, sabes que eso es muy grosero —la regañó la Sra. Cole—. Ven y abraza a tu hermano.

Riley caminó hacia la puerta principal, donde Josh estaba parado, haciendo lo que su madre le había ordenado. Mientras lo abrazaba, Josh le susurró: «Shh, no digas nada».

Riley rápidamente se zafó y corrió a su habitación.

—Gracias nuevamente —dijo la Sra. Cole.

—Fue un placer —respondió Josh.

Al cerrar la puerta tras Josh, la Sra. Cole decidió ir a la habitación de Riley para recordarle sobre la hora de irse a dormir.

—¿Acostada a las 8:30 de la noche? Guau, debes estar realmente cansada —dijo, sonriéndole dulcemente a su hija al ver a Riley metida en la cama.

Al día siguiente, Riley bajo las escaleras en bata y empantuflada.

—¿Qué tienes, Riley? —preguntó la Sra. Cole—. ¿Por qué no estás lista para ir a la escuela?

—Es que no me siento bien, mamá. ¿Puedo quedarme en casa? —preguntó, esperando que su madre dijese que sí.

—¿Es tu sinusitis o tu estómago? —indagó, preocupada por la salud de su hija.

—Mami, solo quiero quedarme en cama, ¿sí? —suplicó.

—Bueno, déjame ver si Jo...

—¡No! Josh me dijo que tenía algo importante que hacer hoy. No puede venir, así que no deberíamos llamarlo. —Y tratando de convencerla de dejarla quedarse en casa, prosiguió—: Además, es de día. Puedo llamarte si te necesito, y papá está de camino a casa de todas formas.

—Está bien, pero ¿prometes llamarme si te sientes peor o necesitas algo? Regresaré temprano de todos modos. Cocinaré una gran cena de bienvenida para tu papá.

—Me parece bien, mami —le respondió Riley, tratando de verse animada aun cuando por dentro lloraba—. Te veré cuando regreses del trabajo.

Riley subió a darse otra ducha. Se restregó y se restregó hasta que su piel enrojeció. Luego de enjuagarse y secarse, regresó a su cama y empezó a llorar inmediatamente.

—¿Cómo pudo hacerme esto mi hermano? ¡Pensé que me amaba! Me odio a mí misma por haber querido ser una niña grande. Mami siempre dice de rezar para que las cosas mejoren. Dios, si puedes escucharme, lamento no haber oído a mis padres y no haber hecho mi tarea después de la escuela. Por favor, quítame este dolor. Por favor, haz que Josh se vaya. Mami dijo que debo amar a todos, pero ¿cómo puedo amarlo a él? Gracias por escuchar, Dios. Amén.

Riley volvió a llorar hasta quedarse dormida de nuevo, esperando nunca despertar.

Esa tarde, escuchó abrirse la puerta y bajó las escaleras corriendo, rogando que no fuese su hermano. Por suerte, era el Sr. Cole quien entraba con su maleta. Su viaje de negocios por fin había terminado.

—¡Papi! —gritó Riley, aliviada de verlo en casa.

—¡Hola, pequeña! —la saludó él—. ¿Por qué no estás en la escuela?

—No me siento bien —mintió, moviendo sus manos con torpeza—. Me vuelvo a la cama.

«Okey...», le dijo, encontrándolo extraño que no hubiese ido a la escuela. Sobre todo, porque era algo que le encantaba. Claro, la parte de las tareas no le agradadaba, pero él y la Sra. Cole usualmente le ordenaban no ir cuando estaba enferma. No obstante, hoy era ella la que quería quedarse, cosa que al Sr. Cole le pareció algo raro. A pesar de ello, dejó su equipaje en la sala y fue a la cocina a servirse un vaso de agua fría.

Al cabo de más o menos una hora, la Sra. Cole llegó a casa, emocionada de ver a su esposo. Después de saludarse, el Sr. Cole le preguntó: «¿Qué le pasa a Riley?».

—No estoy segura —encogiéndose de hombros—. Dijo que no se sentía bien y que quería quedarse en casa, así que accedí. A decir verdad, pensé que quería estar aquí para cuando llegaras. Con suerte, ver a su hermana y a su hermano en la cena logre animarla.

Al entrar la noche, sonó el timbre de la puerta: «¡Hola, Josh!», dijo el Sr. Cole, encantado de ver a su hijo.

—¡Hola, papá! Bienvenido de vuelta. Te fuiste como por un mes —lo saludó, riéndose con él.

—Hijo, tan solo fueron dos semanas, pero se sintió como un mes. Agradezco la promoción, pero definitivamente no me gusta viajar para entrenar. ¿Cuándo llegará Monique?

—Sí, señora. Buenas noches —respondió Riley, luchando por contener las lágrimas.

—Supongo que también me acostaré temprano. Tu papá llegará mañana, gracias a Dios —dijo la Sra. Cole—. ¡Sé que no aguanta las ganas de verte! Buenas noches, cariño.

Riley se dio la vuelta y lloró hasta quedarse dormida.

***

Riley se dio la vuelta, enterró la cara en la almohada y comenzó a gritar y a llorar. «¡Lo odio!», exclamó lamentándose y deseando no volver a verlo nunca más.

—Riley quiere que le hagan saber cuando la cena esté lista —mintió Josh mientras bajaba las escaleras corriendo y veía a su padre en la sala.

Cinco minutos más tarde, Monique estaba atravesando la puerta. «¡Hola!», dijo alegremente mientras entraba.

—¡Monique ya llegó! ¡Comamos! —exclamó el Sr. Cole.

Monique le dio un fuerte abrazo a su padre y a su madre, apenas saludando a Josh.

—Hola, Monique —musitó Josh.

—¿Por qué ustedes dos nunca se llevan bien? —preguntó la Sra. Cole?

—Dónde está Riley? —preguntó Monique.

—Arriba —respondió su madre.

Rápidamente, Monique se disculpó y se retiró de la mesa, subió las escaleras sin hacer ruido y entró en la habitación de Riley, esperando darle una sorpresa.

—¡Hola, mi pequeña! —exclamó, abrazando fuertemente a su hermana.

—Monique, estoy tan feliz de verte —chilló Riley, aliviada de que su hermana estuviese en casa—. Pensé que no vendrías hasta la próxima semana.

—Quise darte una sorpresa, así que me vas a tener por dos semanas completas —sonriéndole—. ¡Vamos a comer! La cena está lista.

Monique notó que algo andaba mal con Riley, pero quiso esperar a pasar más tiempo con ella. Usualmente, Riley era alegre, sonriente y juguetona, pero hoy estaba callada y parecía triste.

Esa noche, la Sra. Cole sirvió una de las comidas favoritas de su esposo: un gran asado con verduras, puré de papas, maíz y macarrones con queso. De postre, la Sra. Cole horneó un pastel de manzana casero.

Riley se sentía tan incómoda que apenas probaba la comida. Josh no dejaba de mirarla, gesticulando «shh» con el dedo. Finalmente, después de que todos estuvieron llenos, la agonizante cena terminó. Josh se ofreció a ayudar a limpiar, pero la Sra. Cole insistió en que les tocaba a las chicas limpiar la cocina. Josh le dio al Sr. y la Sra. Cole un fuerte abrazo y vociferó un «buenas noches» a sus hermanas.

—Bueno, chicas. Ya nos retiramos —dijo el Sr. Cole.

Riley caminó hacia su papá y le dio un fuerte abrazo.

—Ojalá hubieses comido más, mi pequeña —le dijo el Sr. Cole en voz queda.

—Sí, papi. Con suerte, me sentiré mejor mañana. Buenas noches —dijo ella, luchando por contener las lágrimas.

En lo que empezaron a limpiar la cocina, Monique se dio cuenta de que era el momento perfecto para preguntarle a Riley qué tal le había ido.

—Riley, ¿qué ocurre? —le preguntó.

—¿A qué te refieres? —respondió, intentando hacer ver que todo estaba normal.

—Eres mi hermana y sé cuándo has estado llorando —le dijo con gentileza.

—No he estado llorando —mintió Riley, y alzando la voz, añadió—: Es que hoy no me siento bien. Eso es todo.

—Oye, ¿por qué gritas? —preguntó Monique.

—No estoy gritando —ajustando rápidamente su tono.

Monique sintió la tensión en la cocina y decidió abordar a su hermana preguntándole acerca de la escuela.

—¿Qué tal la escuela?

—Bien —respondió Riley secamente.

—Echo mucho de menos estar en casa y también te echo de menos a ti —le dijo Monique, tratando de mantener la conversación. Y buscando arrancarle una sonrisa a su hermana, puntualizó—: Sabes que eres mi mejor amiga.

—No, no lo soy. Siempre me mortificas.

—Eso es lo que hacemos las hermanas —dijo Monique, dándole un leve codazo mientras sonreía.

—Bueno, ya terminamos de limpiar la cocina —dijo Riley, dándole un vistazo a las pulcras encimeras y la mesa.

—Subamos a tu habitación para que empieces a decirme qué te pasa —insistió Monique—. ¿Te han estado acosando en la escuela?

—¡No! —gritó Riley.

—Ya sé —sonrió Monique—, te gusta un chico.

—¡No, no, no! Deja de preguntarme. No puedo romper la cadena —gritó Riley.

Monique se congeló al instante y las lágrimas comenzaron a bañar su rostro al tiempo que Riley corría a su habitación y cerraba la puerta de golpe. Incontables pensamientos se arremolinaban en la mente de Monique. Sabía lo que esa frase significaba y la devastó que su hermana menor también lo supiese. Monique respiró profundo y lentamente se dirigió a la habitación de Riley.

—¿Puedo pasar? —preguntó en voz queda tocando a su puerta con sutileza.

—Sí —Riley accedió de mala gana.

Al entrar, Monique vio a su hermana sentada en la cama llorando.

—¿Podemos conversar? Soy tu hermana mayor, Riley. Puedes contarme. Prometo que nada te pasará. Riley, por favor, háblame —le rogó Monique.

Riley se rehusaba a hablar, pero Monique sabía que su hermana la necesitaba.

—Okey, te haré una pregunta y puedes mover la cabeza si tengo razón —le indicó Monique.

Riley asintitó con la cabeza, aceptando responder.

—¿Es el juego de montar al toro? —le preguntó Monique, despacio y en tono calmado.

Riley inclinó la cabeza asintiendo. Monique la abrazó con fuerza mientras lloraban juntas.

—¡Lo lamento mucho! ¡Lo lamento mucho! —sollozaba Riley, sintiéndose culpable y avergonzada.

—¡Riley, no es tu culpa! —exclamó con dureza—. ¿Fue Josh acaso?

—Me dijo que no dijise nada o, de lo contrario, alguien moriría. ¡Yo no quiero que nadie muera! —vociferaba Riley.

—Vamos a calmarnos —ordenó el Sr. Cole, tratando de recuperar la compostura, y dirigiéndose gentilmente a Riley, le preguntó—: Pequeña, habla con nosotros. Sabes que puedes contarnos lo que sea. ¿Que pasó cariño?

Sin dejar de llorar, Riley comenzó a contarles lo que había ocurrido el día anterior. Con lágrimas corriéndole por el rostro, la Sra. Cole corrió a su lado y abrazó a su hija.

—Monique, ¿cómo supiste? —le preguntó su padre.

—Papi, Josh también me lo hizo a mí —declaró Monique llorando—. Desde ese día, hace muchos años, Josh actuó como si nada hubiese ocurrido.

—Llama a la policía de inmediato —le exigió la Sra. Cole a su esposo, negándose a permitir que tal cosa continuase por más tiempo. Mientras los cuatro esperaban a la policía, se abrazaron con fuerza, llorando y consolándose.

Al llegar la policía, Riley rindió su declaración y la Sra. Cole le ordenó entregarle la ropa de ese día al oficial.

—¿Porqué necesitan mi ropa? —preguntó confundida.

—Buena pregunta, cariño. Siento no habértelo explicado, pero tu ropa ayudará a la policía a encontrar pruebas o sustancias en tu cuerpo. También necesitamos que te examinen en el hospital. Cuando alguien abusa de otra persona y valientemente se lo dice a la policía, la policía se asegura de que su salud sea la óptima, por lo que los médicos tendrán que hacerte algunas pruebas.

La policía también le tomó declaración a Monique.

—¿Y ahora que? —Riley le preguntó a su mamá mientras la policía terminaba con el papeleo.

—Con algo de suerte, Josh irá preso —dijo la Sra. Cole con dureza— y nunca más tendrás que preocuparte de que te lastime a ti o a Monique.

—Lamentamos tanto que esto haya sucedido. Las amamos mucho —aseveró el Sr. Cole—, y no podríamos estar más orgullosos de ustedes por contarnos lo de Josh.

Una vez sentados todos en la sala, el Sr. Cole rompió el silencio, aclaró su garganta y comenzó a hablar.

—Chicas, hicieron lo correcto al contarnos lo que ocurrió. No puedo imaginar su miedo. Quiero que sepan que estamos muy orgullosos de ustedes dos. También deben saber que nunca es malo decir no, incluso a un adulto. Ustedes están a cargo de su cuerpo. Si alguien las toca o las trata de manera inapropiada, o sus acciones o palabras las hacen sentir incómodas, tiene todo el derecho a decir no. Además, si alguien les pide que lo toquen a él o a otra persona, digan que no, pues eso tampoco es correcto. No hay nada que puedan decirnos que haga que las amemos menos. Nunca dejen que nadie las convenza de guardarnos un secreto.

Riley asintió mientras su padre continuaba hablando acerca de tocamientos inapropiados y la importancia de no guardar secretos. Sorpresivamente, se sintió mejor. También sintió una ligera puntada de orgullo sabiendo que fue valiente al decírselo a su hermana y hablar en contra de Josh.

—Debe estar por llegar —intervino la Sra. Cole—. Hablé con ella hace unos minutos.

—¿Dónde está Riley? —preguntó Josh.

—No se sentía bien hoy —le respondió ella.

—¿Te importa si le doy una vuelta para ver cómo está?

—Para nada. La cena estará lista pronto.

Josh subió las escaleras corriendo, llamó a la puerta de la habitación de Riley e inmediatamente entró.

—¡Qué quieres? ¡No dije que podías entrar! —gritó Riley, mientras las lágrimas se delizaban por su rostro.

—Tu mamá dijo que no te sentías bien, así que pensé en venir para ver cómo estabas —le dijo Josh calmadamente, esperando que Riley bajara el tono.

—¡Lárgate! —gritó ella.

—Acuérdate, no rompas la cadena —dijo Josh mientras salía lenta y silenciosamente por la puerta.

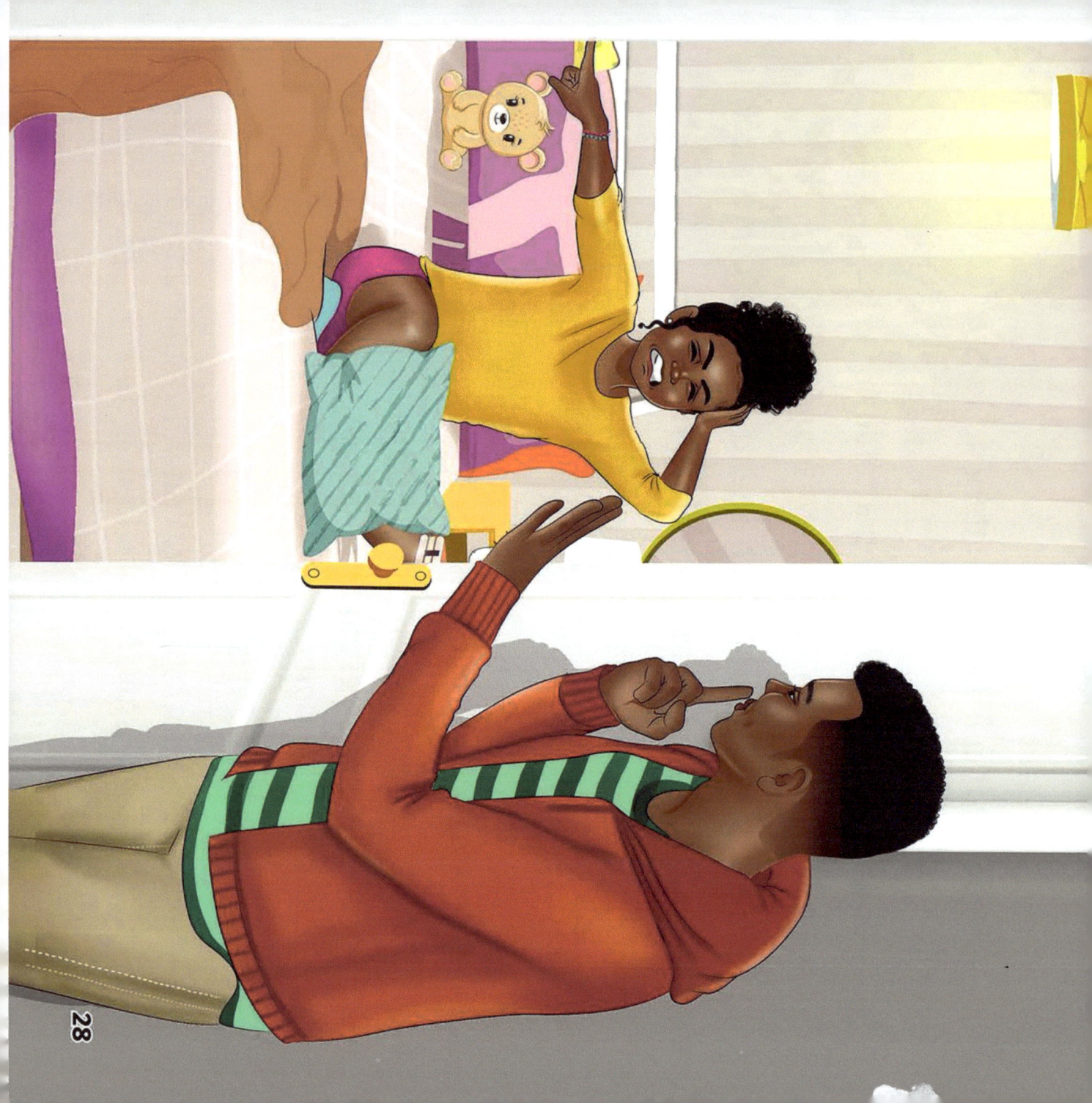

—Todo está bien —le dijo Monique llorando—. Nada de esto es tu culpa. ¿Me oyes?

Riley asintió, aún sintiéndose culpable, pero aliviada de que su hermana se lo dijera.

—Yo tengo un secreto —le reveló Monique—. Josh jugó ese juego conmigo cuando yo tenía 13 años. Mamá y papá habían ido al cine, y él y yo estábamos solos abajo. Me hizo la promesa del meñique, pero esta misma noche lo vamos a acusar —dijo Monique enfáticamente.

—¡Aguarda! ¡Alguien morirá si lo decimos! Romperíamos la cadena —chilló Riley aterrada.

—Riley, nunca ha existido una cadena. Josh mintió. Quiso asustarte para que no lo delatases.

Riley empezó a llorar con más fuerza, desilusionada de sí misma por haberse dejado embaucar.

—¡Mamá! ¡Papá! —gritó Monique.

Al poco rato, sus padre llegaron corriendo a la habitación de Riley.

—¿Qué ocurre? —preguntó la Sra. Cole, preocupada al extremo.

—¿Qué está sucediendo? —preguntó a su vez el Sr. Cole.

—¿Podemos ir todos a la sala? Necesitamos hablar con ustedes —señaló Monique.

—¿Esto no puede esperar hasta la mañana? —preguntó el Sr. Cole bostezando—. Pequeña, ¿por qué lloras?

—Mamá. Papá. Josh violó a Riley —espetó Monique sin seguir sintiéndose amarrada al miedo o la vergüenza.

—¿Qué? —gritaron la Sra. y el Sr. Cole al unísono, y exigiendo saber, agregaron con furia—: ¿Cuándo? ¿Cómo? ¿Dónde?

La Sra. Cole lloraba, intentando hilar palabras que poder decirle a su hija.

—Mi cuerpo es mío —dijo Riley, interrumpiendo a su padre—, y ¡sé que puedo hablar contigo, con mamá y con Monique sobre lo que sea!

La Sra. Cole sonrió con lágrimas en los ojos y el Sr. Cole la aupó: «¡Así es, mi niña! Puedes decirnos lo que sea».

—Estoy orgullosa de ti —le susurró Monique a su hermana.

—Y yo también estoy orgullosa de ti —devolviéndole el susurró con una sonrisa.

Lecciones para toda la vida

Los secretos divertidos entre amigos que no conlleven daño físico o emocional, son buenos. Sin embargo, si alguien te toca de manera inapropiada, no lo calles ni mantengas en secreto. No importa lo que diga. No es correcto ni es aceptable que alguien te toque sin tu permiso, sin importar quién sea. Habla con alguien en quien confíes. ¡No significa no! También recuerda respetar el espacio y la privacidad de los demás. Respeta su petición.

Línea Caliente Nacional Contra Asaltos Sexuales
1-800-656-4673
www.rainn.org
www.stopitnow.org